FULL SCORE
WSB-10-008

吹奏楽譜 ブラスロック・シリーズ
BRASS ROCK

さくらさくら Brass Rock

日本古謡　編曲：宮川成治

楽器編成表

Piccolo	B♭ Trumpet 1	Drums
Flutes 1（& *2）	B♭ Trumpet 2	Percussion
*Oboe	*B♭ Trumpet 3	…Low Tom, Bongo, Triangle
*Bassoon	F Horns 1（& *2）	
*E♭ Clarinet	F Horns 3（& *4）	Glockenspiel
B♭ Clarinet 1	Trombone 1	Mallet
B♭ Clarinet 2	Trombone 2	..Vibraphone, Xylophone
*B♭ Clarinet 3	*Trombone 3	
*Alto Clarinet	Euphonium	Full Score
Bass Clarinet	Tuba	
Alto Saxophone 1	Electric Bass	
*Alto Saxophone 2	（String Bass）	
Tenor Saxophone		
Baritone Saxophone		

＊イタリック表記の楽譜はオプション

吹奏楽譜 ブラスロック・シリーズ

さくらさくら Brass Rock

曲目解説

　日本の伝統的な唱歌『さくらさくら』を、吹奏楽でロックできるウィンズスコアならではのアレンジで！聴いて楽しく、演奏して充実感を味わえる曲に仕上がっています。明治21年に文部省音楽取調掛が編纂した「箏曲集」に歌詞つきで紹介されましたが、それ以前に江戸時代より箏の手ほどき曲として使われていたという、長い歴史を持つ曲。海外でも日本を象徴する曲の一つとして認知されているので、外国のお客さんにも喜ばれること受けあいです。ラテンのリズムを基本として、派手に楽しめるアレンジです。テナーサックスに長めのソロがあり、またドラムとボンゴで掛け合いがあるなど、演奏会で楽しく盛り上がる要素が満載！新春コンサートをはじめ、幅広く活用できるでしょう。

演奏のポイント

　日本の古い歌曲『さくらさくら』をラテンロックのスタイルでアレンジしました。導入部には、福岡県の民謡『黒田節』を用いています。
　『さくらさくら』の旋律は、陰音階（都節音階とも言う。上昇と下降で1音異なる）で出来ていて、それだけで日本らしさが強調されます。そこにビートの効いたラテンロックを合わせた「和洋折衷」が、このアレンジのポイントです。メロディーは雅に、リズムセクションはノリノリに、艶やかな演奏を期待します。
　導入部の『黒田節』は、堂々と力強く演奏してください。Cのボンゴは、譜割りに捉われず徐々に早くなる感じで演奏します。
　Dからが『さくらさくら』です。「Latin feel」とありますが、特定のリズムスタイルを持っているわけではありません。打楽器セクションは自由に演奏してください。楽器もどんどん追加して楽しみましょう。また、ビッグバンドのサウンドを意識してアレンジしています。サックス、トランペット、トロンボーンセクションはやや強調してください。
　Jのテナーサックス・ソロはアドリブです。コードを無視して陰音階だけを使って演奏するのも面白いと思います。なお、譜例は『黒田節』をモチーフにしました。続くKからはアンサンブルの部分。見せ場です。打楽器のソロは延長しても良いでしょう。
　金管セクションは全体的に音域が高めに設定されています。技術的に難しい場合は、無理せずにオクターブ下げましょう。その際は全体のバランスに十分配慮してください。

（by 宮川成治）

編曲者プロフィール / 宮川成治(Seiji Miyagawa)

　1972年、神奈川県三浦市生まれ。高校時代に吹奏楽と出会い、音楽人生が始まる。当時は打楽器を担当していた。作編曲は独学で、初めて編曲じみた事をしたのは高校3年生の頃だったように記憶している。その後、一般の大学に進むも音楽の楽しさが忘れられず、学生バンドの指導を始め今に至る。
　作曲よりも現場のニーズに合わせた編曲をする事が多く、叩き上げで今の技術と知識を身に付けた。現在は学生バンドを指導する傍ら、地域の吹奏楽団・ビッグバンド等で演奏活動を続け、作品を提供している。主な吹奏楽作品に『BRISA LATINA』、『CELEBRATION』、『STAR of LIFE』、『Angels Ladder』、編曲作品多数。第12回「21世紀の吹奏楽"響宴"」入選、出品。

さくらさくら Brass Rock

Japanese Traditional
Arr. by Seiji Miyagawa

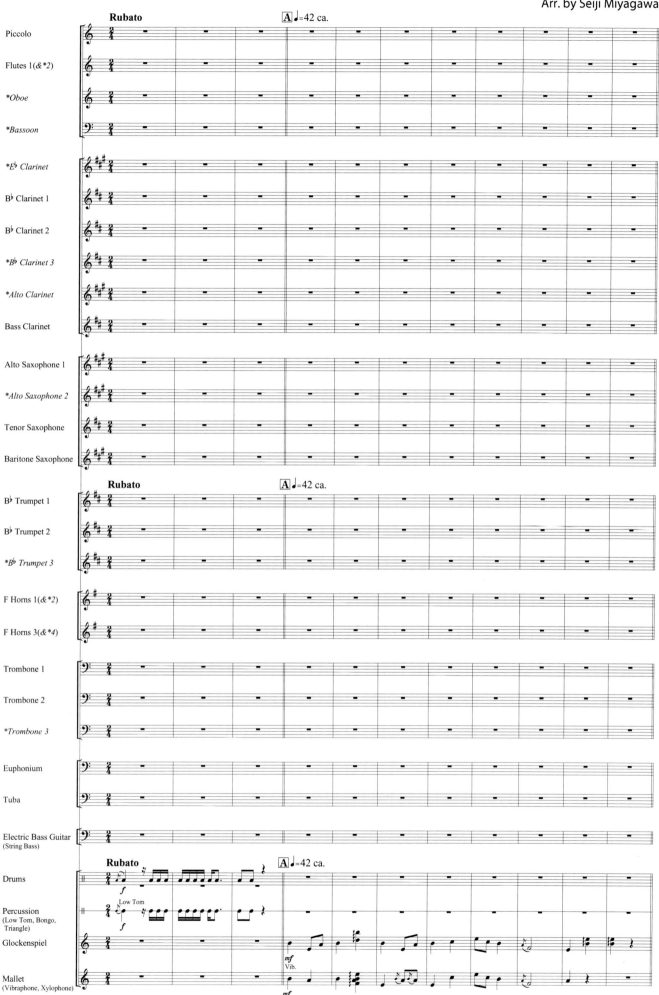

Sakura Sakura Brass Rock - 18

ご注文について

ウィンズスコアの商品は全国の楽器店、ならびに書店にてお求めになれますが、店頭でのご購入が困難な場合、当社PC&モバイルサイト・FAX・電話からのご注文で、直接ご購入が可能です。

◎当社PCサイトでのご注文方法
http://www.winds-score.com
上記のURLへアクセスし、WEBショップにてご注文ください。

◎FAXでのご注文方法
FAX.03-6809-0594
24時間、ご注文を承ります。当社サイトよりFAXご注文用紙をダウンロードし、印刷、ご記入の上ご送信ください。

◎お電話でのご注文方法
TEL.0120-713-771
営業時間内に電話いただければ、電話にてご注文を承ります。

◎モバイルサイトでのご注文方法
右のQRコードを読み取ってアクセスいただくか、URLを直接ご入力ください。

※この出版物の全部または一部を権利者に無断で複製(コピー)することは、著作権の侵害にあたり、著作権法により罰せられます。

※造本には十分注意しておりますが、万一、落丁・乱丁などの不良品がありましたらお取り替えいたします。また、ご意見・ご感想もホームページより受け付けておりますので、お気軽にお問い合わせください。

Piccolo

さくらさくら Brass Rock

Japanese Traditional
Arr. by Seiji Miyagawa

Alto Clarinet

さくらさくら Brass Rock

Japanese Traditional
Arr. by Seiji Miyagawa

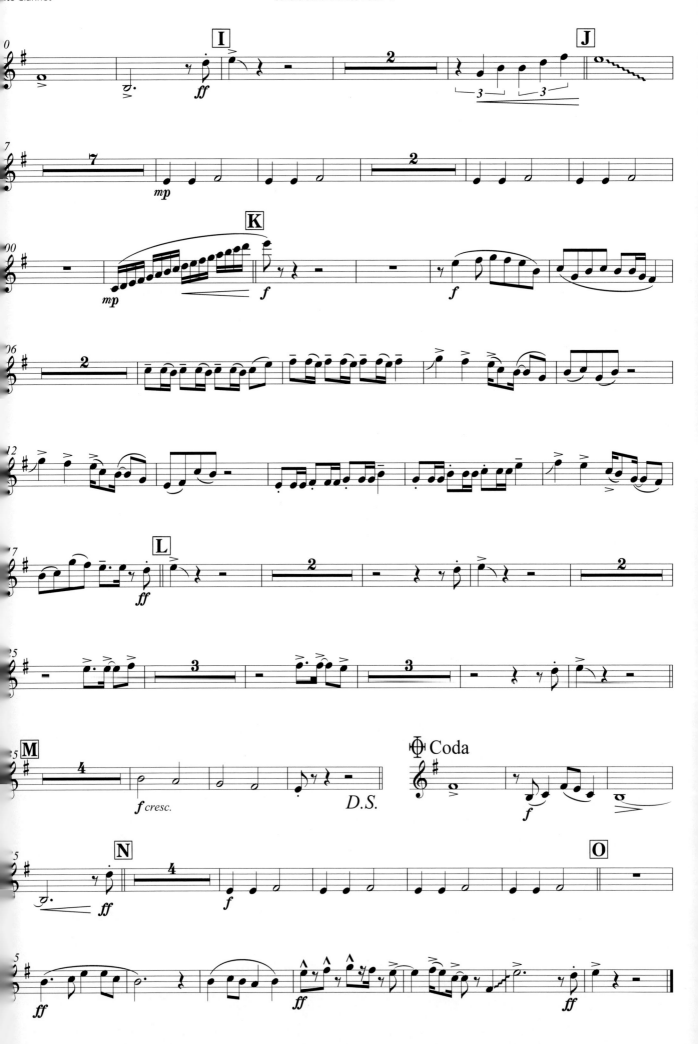

Bass Clarinet

さくらさくら Brass Rock

Japanese Traditional
Arr. by Seiji Miyagawa

Alto Saxophone 1

さくらさくら Brass Rock

Japanese Traditional
Arr. by Seiji Miyagawa

Alto Saxophone 2

さくらさくら Brass Rock

Japanese Traditional
Arr. by Seiji Miyagawa

Tenor Saxophone

さくらさくら Brass Rock

Japanese Traditional
Arr. by Seiji Miyagawa

B♭ Trumpet 2

さくらさくら Brass Rock

Japanese Traditional
Arr. by Seiji Miyagawa

F Horns 3&4

さくらさくら Brass Rock

Japanese Traditional
Arr. by Seiji Miyagawa

さくらさくら Brass Rock

Trombone 1

Japanese Traditional
Arr. by Seiji Miyagawa

Trombone 2

さくらさくら Brass Rock

Japanese Traditional
Arr. by Seiji Miyagawa

Euphonium

さくらさくら Brass Rock

Japanese Traditional
Arr. by Seiji Miyagawa

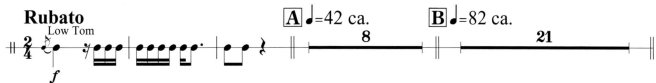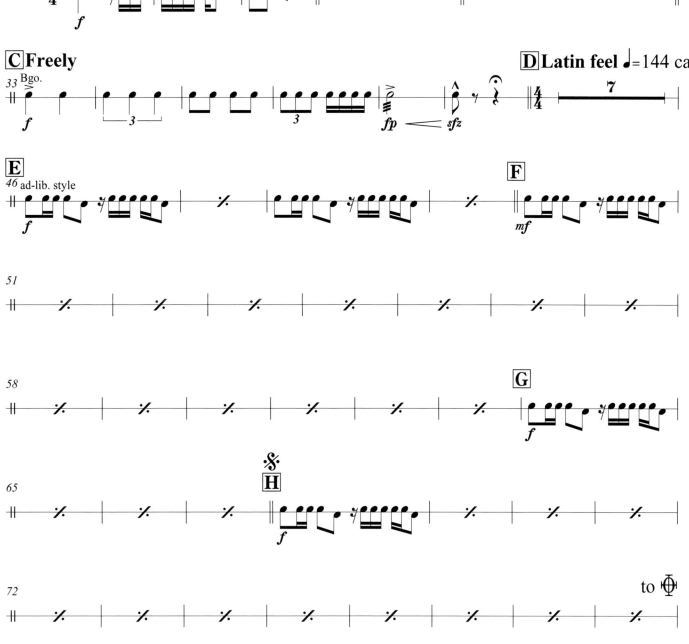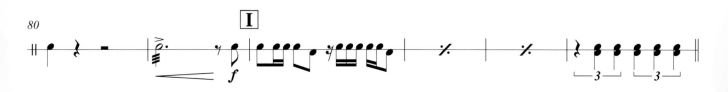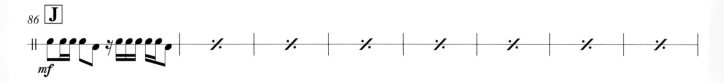

Percussion
(Low Tom, Bongo, Triangle)

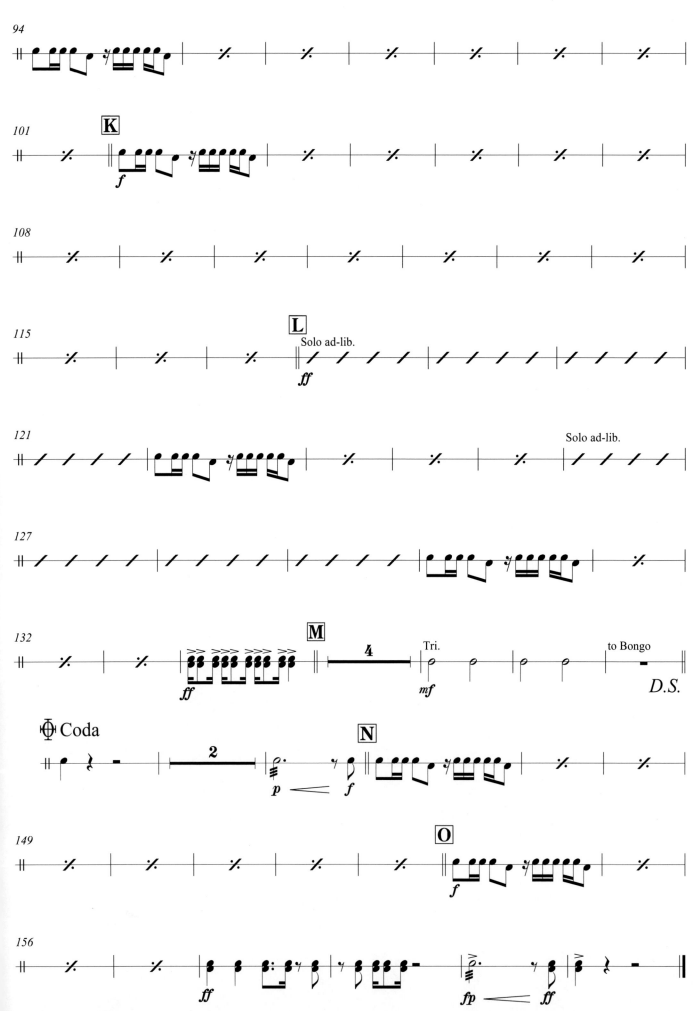

Glockenspiel

さくらさくら Brass Rock

Japanese Traditional
Arr. by Seiji Miyagawa